www.ingramcontent.com/pod-product-compliance
Lightning Source LLC
Chambersburg PA
CBHW030944240526
45463CB00016B/1953
* 9 7 8 1 6 7 3 9 4 5 1 8 8 *